Vamos a divertirnos con organigramas

Seguir instruccic

I0805207

Anna McDougal

COMPUTACIÓN CIENTÍFICA EN EL MUNDO REAL™

Rosen Classroom™

Publicado en 2018 por The Rosen Publishing Group, Inc. 29 East 21st Street, New York, NY 10010

Copyright © 2018 by The Rosen Publishing Group, Inc.

Todos los derechos reservados: Ninguna parte de este libro puede reproducirse por medio alguno sin permiso por escrito del editor, excepto con propósitos de revisor.

Autor: Anna McDougal
Traductor: Alberto Jiménez
Directora editorial, español: Nathalie Beullens-Maoui
Editora, español: María Cristina Brusca, Editora, inglés: Caitie McAneney
Diseño del libro: Jennifer Ryder-Talbot

Todas las ilustraciones por Contentra Technologies

Library of Congress Cataloging-in-Publication Data

Names: McDougal, Anna.
Title: Vamos a divertirnos con organigramas: Seguir instrucciones / Anna McDougal.
Description: New York : Rosen Classroom, 2018. | Series: Niños digitales: Superdotados con pensamiento computacional / Computación científica en el mundo real | Includes glossary and index.
Identifiers: LCCN ISBN 9781538357804 (pbk.) | ISBN 9781538328910 (library bound) | ISBN 9781538357811 (6-pack) | ISBN 9781538357828 (ebook)
Subjects: LCSH: Science--Methodology--Juvenile literature. | Research--Methodology--Juvenile literature.
Classification: LCC Q175.2 M33 2018 | DDC 507.2'1--dc23

Créditos fotográficos: Cubierta, michaeljung/Shutterstock.com; p. 4 violetkaipa/Shutterstock.com; p. 4-21 schab/Shutterstock.com; p. 8 ponomareva/S hutterstock.com; p.8 (water inset) LoopAll/Shutterstock.com; p. 11 Pinkyone/Shutterstock.com; p. 12-13 Chones/Shutterstock.com; p. 14 Evgeniia Litovchenko/Shutterstock.com; p. 17 Phototalker/Shutterstock.com; p. 18 Monkey Business Images/Shutterstock.com; p. 21 piotr_pabijan/Shutterstock.com.

Fabricado en Estados Unidos de América

Información de cumplimiento CPSIA Lote #WS18RC: Si desea más información póngase en contacto con Rosen Publishing, New York, New York, teléf. 1-800-237-9932

Contenido

Los diagramas de flujo se usan en la ciencia, los negocios e incluso la programación.

¿Qué es un diagrama de flujo?

¿Has hecho algún experimento en clase de ciencias? Todos nuestros conocimientos científicos debemos agradecérselos a los experimentos. La gente formula una **hipótesis** y la pone a prueba para ver si es cierta.

Casi todos los experimentos constan de muchos pasos. A veces, es difícil seguirlos todos. Sin embargo, con un diagrama de flujo, que muestra su **progresión** y sus líneas conectoras, podremos realizarlos en el orden debido para completarlos con éxito.

El método científico

Los científicos confían en el método científico cuando realizan experimentos. Se trata de un **proceso** que lleva siglos utilizándose. Los científicos lo siguen en cada experimento.

El diagrama de flujo del método científico muestra cómo se utiliza.

Lo primero es hacer una pregunta. Por ejemplo: "¿Caen los objetos pesados y los ligeros a la misma velocidad?". Después hay que **investigar** el tema y formular una hipótesis. Luego se prueba la hipótesis mediante un experimento y se aprende de los resultados. Si el experimento no sale como esperábamos, hay que cambiarlo y probar de nuevo.

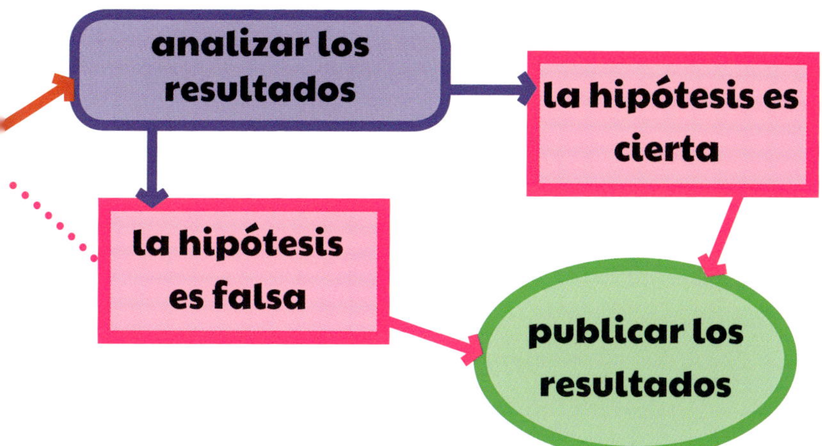

Las moléculas de agua son las partes más pequeñas de agua que siguen siendo agua.

Crear un experimento

Piensa en el experimento que te gustaría hacer. Todos empiezan por una pregunta: ¿Se encoge un globo cuando entra en contacto con aire frío? ¿Qué pasa al mezclar bicarbonato y vinagre? ¿Se **disuelve** el azúcar en agua?

Imagina que deseas hacer un experimento que responda a esta pregunta: ¿Las moléculas se mueven más deprisa en agua caliente o en agua fría? Primero, investiga. Descubrirás que las moléculas son las partes más pequeñas de una **sustancia** que conservan las **propiedades** de dicha sustancia.

¿Qué es la hipótesis?

Una vez plantees la pregunta e investigues el tema, formula una estimación fundamentada sobre la respuesta. Eso es la hipótesis. Aunque estés casi seguro de lo que ocurrirá, es importante realizar el experimento para que no quede ninguna duda.

Para este experimento, tu hipótesis es: "Las moléculas se mueven más deprisa en agua caliente". Esto puede estar basado en tu investigación sobre cómo actúan las moléculas en distintas **condiciones**. No obstante, puede suponer lo contrario. ¡Solo hay una forma de averiguarlo!

Al investigar un tema te harás una idea de cuál puede ser tu hipótesis.

Probarla

Llegó la hora de probar tu hipótesis. Esta parte del experimento tendrá sus propios pasos.

En los experimentos, a veces es preciso mantener ciertas condiciones. Echa la misma cantidad de agua en cada vaso.

Primero, reúne tres vasos limpios. Con cinta protectora y un marcador, etiquétalos como agua fría, agua a temperatura ambiente y agua caliente. Llena el primer vaso con agua muy fría, el segundo con agua a temperatura ambiente (ni demasiado caliente ni demasiado fría) y el tercero con agua calentada en el microondas o la cocina. Por último, añade una gota de colorante alimentario en cada vaso.

Mira el colorante justo después de echarlo en el agua. ¿Con qué rapidez se extiende?

¡Los resultados están ahí!

El colorante empezará a hundirse en el agua. Observa cómo actúa en cada vaso. ¿Se comporta igual o de forma distinta?

Verás que se extiende más deprisa en el agua caliente y más despacio en el agua fría. En el agua a temperatura ambiente, el resultado estará entre los dos anteriores. Los resultados de este experimento confirman la hipótesis de que las moléculas se mueven más deprisa en agua caliente.

Probar de nuevo

¿Qué pasa si tu hipótesis es falsa? Quizá supusiste que las moléculas se mueven más deprisa en agua fría. En tal caso, vuelve atrás y reformula la hipótesis con la información que tienes ahora.

Si cualquier parte de un experimento no sale como esperábamos, hay que volver atrás y probar de nuevo. A veces los científicos hacen el experimento con nuevas **variables**, para reforzar aún más sus hipótesis. La clave para añadir nuevas variables es probarlas de una en una.

Si cambias tu experimento, modifica tu diagrama de flujo para que muestre el cambio.

¿Cuál es tu conclusión?
Presenta tus resultados en clase.

Publicar los resultados

El último paso de un experimento es publicar los resultados. Mediante ellos, habrás llegado a una **conclusión**. ¿Qué te dijo el experimento? Según tú, ¿qué crees que sea lo cierto?

Informa de los resultados para enseñar cosas a otros sobre las moléculas. Escribe una afirmación, como: "El colorante alimentario se movió más deprisa en agua caliente, lo que lleva a la conclusión de que las moléculas se mueven más deprisa en agua caliente". ¡La gente usará esos resultados cuando investiguen un tema para su propio experimento!

Hacer un diagrama de flujo

Si haces el diagrama de flujo de tu experimento, ayudarás a la gente a comprender los resultados o a reproducirlo. El diagrama debe fragmentar el experimento en tareas pequeñas y fáciles.

Empieza por el primer paso: "reunir materiales". Luego dibuja una flecha hacia el paso siguiente: "etiquetar 3 vasos". A veces, el diagrama se dividirá en dos flechas. Puede escribir: "si es sí, entonces…" y "si es no, entonces…" y conectar esas frases con flechas. En este caso, el siguiente paso dependerá de los resultados del paso previo.

Este diagrama de flujo divide el experimento en pasos fáciles de seguir.

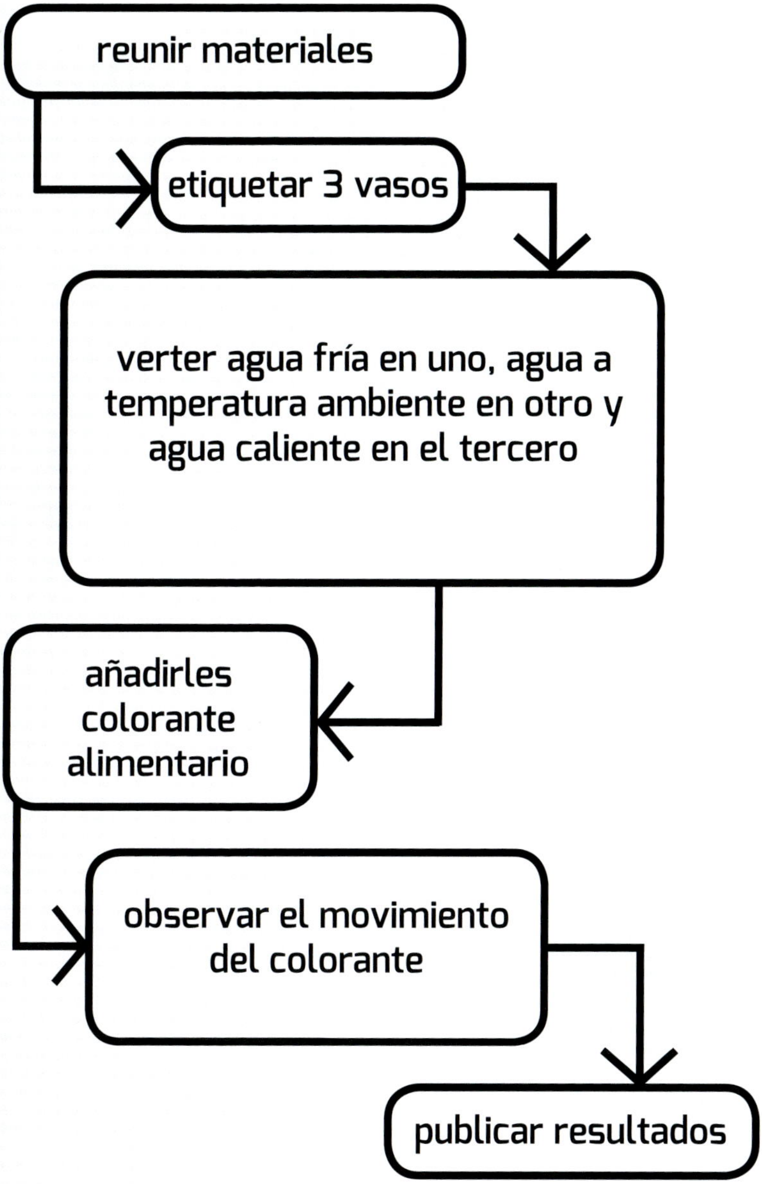

Diagramas de flujo en programación

Los diagramas de flujo no solo se utilizan en las ciencias naturales. También se usan en la ciencia computacional. Los programadores se sirven de ellos para crear programas, porque son una buena forma de planear las tareas que los componen.

El diagrama les ayuda a **ilustrar** la serie de pasos que deben realizar para llegar a la solución. Esto es especialmente útil al crear programas con muchas partes, ya que se ve el flujo de pasos antes de escribir el programa en un **lenguaje de programación**. De la ciencia a la programación, ¡los diagramas de flujo proporcionan una forma divertida y fácil de mostrar los pasos!

Glosario

conclusión: Juicio basado en razones.

condición: Naturaleza de las cosas o las personas.

disolver: Mezclar por completo en un líquido.

hipótesis: Suposición fundada.

ilustrar: Mostrar algo con una imagen.

investigar: Estudiar a fondo para encontrar algo nuevo.

lenguaje de programación: Lenguaje que da instrucciones a una máquina, sobre todo a una computadora.

proceso: Serie de pasos.

progresión: Avance que sigue unos pasos en un orden determinado.

propiedad: Cualidad o rasgo que pertenece a algo.

sustancia: Materia con una composición química específica.

variable: Algo que suele cambiar cuando varían otras condiciones.

Índice